CARO,

_____

Che l'Onnipotente benedica te e la tua famiglia con la sua benedizione.

Angeli & Jinn; Loro Chi Sono?
Pubblicato da Editori Hidayah

Copyright © 2022 Hidayah Publishers

Tutti i diritti riservati. Nessuna parte di questo libro può essere riprodotta in qualsiasi forma senza il permesso dell'editore, ad eccezione di quanto consentito dalla legge sul copyright degli Stati Uniti.

ISBN: 978-1-990544-64-4

CREATURE DI ALLAH(S.W.T) NELL'UNIVERSO

Nell'Islam, i musulmani credono nell'esistenza di tutte le creature che Allah(S.W.T.) ha creato, che oltre al genere umano e al regno animale, include i jinn e gli angeli. Sia i jinn che gli angeli esistono parallelamente agli esseri umani, e ci sono interazioni tra loro. Tuttavia, noi non possiamo vederli; per questo sono chiamati "creature invisibili". Dalle due fonti di prova autentiche dell'Islam, il Corano e l'Hadith (atti e detti registrati del Profeta Muhammad ﷺ), abbiamo informazioni vere sulla storia e le caratteristiche di questi esseri.

ANGELI

- Natura E Aspetto
- Il Significato Della Credenza Negli Angeli Nell'islam
- Angeli Menzionati Nei Riferimenti Islamici
  - Jibrael, Mikael, Israfeel, Izrael
  - Munkar Nakeer
  - Hafaza
  - Kiraman Katibin
  - Malik Ridwan
  - Hamalat Al-Arsh
- Fatti Da Ricordare

NATURA E ASPETTO

Gli angeli, 'malaikah' in arabo, sono una creazione di Allah (S.W.T) e sono fatti di "Noor (luce)". Sono stati creati prima degli uomini, sempre seguendo i comandi di Allah (S.W.T). Allah l'Onnipotente non ha bisogno di queste creature, ma il fatto di conoscere e credere in loro aumenta la soggezione che si prova nei confronti di Dio, perché in effetti la magnificenza della Sua creazione è una prova della magnificenza del Creatore. Gli angeli sono creature obbedienti per natura, poiché non deviano dall'obbedire alle direttive di Dio; non hanno un libero arbitrio, e quindi sono liberi da ogni peccato. Non c'è il concetto di "angeli caduti" nell'Islam perché non disobbediscono mai all'ordine di Allah. Non sono né gli associati di Dio che gestiscono i diversi distretti dell'universo, né oggetti da adorare o da pregare. Sono tutti sottomessi ad Allah (S.W.T) ed eseguono i suoi ordini sia nel mondo invisibile che in quello fisico. Inoltre non hanno famiglia e non hanno bisogno di dormire, mangiare o bere.

Il Corano dice:

> "E ad Allāh si prostrano chi è in cielo e in terra, gli animali e gli angeli, e non s'insuperbiscono," (Surah An-Nahl, V:49)

> "che non disobbediscono a ciò che Allah comanda loro e che eseguono quello che viene loro ordinato." (Surah At-Tahrim, V:6)

Gli angeli amano i credenti e coloro che compiono buone azioni e supplicano Allah di perdonare i loro peccati. Non si annoiano e non si stancano di adorare Allah (S.W.T):

> "Lo glorificano notte e giorno, ininterrottamente," (Surah Al-Anbya, V:20)

Il Corano e gli Hadiths ci raccontano diversi fatti e l'aspetto unico degli angeli. Essi hanno agito come messaggeri di Dio e hanno comunicato con i diversi Profeti di Allah in forma umana.

> "La lode appartiene ad Allah, Colui Che ha dato origine ai cieli e alla terra, Che ha fatto degli angeli messaggeri dotati di due, tre o quattro ali. Egli aggiunge alla creazione quello che vuole. In verità Allah è onnipotente."
> (Surah Fatir 35:1)

Alcune delle loro caratteristiche sono:

- Non sono né maschi né femmine.
- Possono assumere la forma di esseri umani.
- Hanno le ali, a volte in coppie di due, tre o quattro.
- Sono estremamente belli, tranne l'Angelo della Morte.

Solo Dio conosce il numero totale di angeli nell'universo, sette cieli e terra messi insieme. Ma secondo alcuni Hadiths, possiamo stimare che ci sono molti angeli assegnati con compiti specifici da Allah (S.W.T). In un hadith sul Miraj, il viaggio notturno e l'ascensione al cielo del Messaggero di Allah ﷺ, il Santo Profeta ﷺ disse:

"Poi, mi fu mostrato Al-Bait-al-Ma'mur (cioè la Casa di Allah). Chiesi a Jibrael(A.S.), e lui disse: "Questo è Al Bait-ul-Ma'mur dove 70.000 angeli eseguono le preghiere ogni giorno, e quando se ne vanno, non vi fanno più ritorno (ma ogni giorno ne arriva un nuovo gruppo)" (Sahih Bukhari 3207; Sahih Muslim 164)

"E (Ricorda, o Profeta) quando dicesti ai credenti: "Non vi basta che Allāh vi abbia rinforzati con tremila angeli inviati dal cielo?" (Surah Aal-Imran, V:124)

IL SIGNIFICATO DELLA CREDENZA NEGLI ANGELI NELL'ISLAM

"Il Profeta ha creduto in ciò che gli è stato fatto scendere dal suo Dio, e anche i credenti. Tutti hanno creduto in Allāh, nei Suoi Angeli, nei Suoi Libri e nei Suoi Messaggeri: non facciamo differenza tra i Suoi Messaggeri. E dissero: "Abbiamo ascoltato e obbediamo. Concedici il Tuo perdono, Dio nostro: è a Te il ritorno di tutto."
(Surah Al-Baqarah; V:285)

Le Sei Credenze dell'Islam sono le credenze fondamentali che ogni musulmano ritiene vere. Tra queste sei, la credenza negli angeli, come menzionato nel Corano e negli autentici Hadiths del Santo Profeta ﷺ, è una parte indispensabile necessaria per il completamento della fede musulmana. Nell'Islam, i sei credi della fede sono i seguenti:

- *Tawhid* - Credere nell'unicità di Allah

- *Malaika* - Credere nell'esistenza degli angeli di Allah

- Credere nei libri sacri di Allah; Zabur, Torah, Vangelo e Corano

- *Nubuwwah and Risalah* - Credere in tutti i Profeti di Allah, dal Profeta Adamo[A.S] al Profeta Mohammed ﷺ

- Credere nel Giorno del giudizio; Verrà un giorno in cui ogni uomo che sia mai esistito sarà giudicato da Allah per le sue azioni nella sua vita sulla terra.

- Credenza nella predestinazione (destino/decreto divino) - la convinzione che Allah sa tutto

ANGELI MENZIONATI NEI RIFERIMENTI ISLAMICI

Diversi angeli sono menzionati per nome nel Corano e nell'Hadith, con una descrizione delle loro responsabilità:

JIBRAEL(A.S) (GABRIEL)

Jibrael(A.S.) è l'angelo incaricato di comunicare le parole di Allah ai Suoi Profeti. Nell'Islam, l'angelo Jibrael(A.S.) è il trasmettitore di buone notizie. È menzionato sia nel Corano che nell'Hadith. Ha rivelato le parole di Allah sotto forma di Corano al Profeta Muhammad ﷺ e per questo è anche conosciuto come l'Angelo della Rivelazione. Altri nomi di Jibrael(A.S.) menzionati nel Corano sono Al-Ruh (Spirito) e Al-Ruh-al-Ameen (Spirito affidabile).

"Di': "Chi è nemico di Gabriele, che con il permesso di Allah lo ha fatto scendere nel tuo cuore, a conferma di quello che era venuto in precedenza, come Guida e Buona novella per i credenti."
(Surah al Baqara, V:97)

L'Angelo Jibrael(A.S.) apparve anche a Bibi Maryam(A.S.) (conosciuta come Maria nel cristianesimo). Era la madre del Profeta Isa(A.S.) (conosciuto come Gesù nel cristianesimo) e considerata la donna più rispettata, sopra tutte le altre donne nel Corano.

"E [ricorda] colei che ha mantenuto la sua castità! Insufflammo in essa del Nostro Spirito e facemmo di lei e di suo figlio un segno per i mondi."
(Surah Al-Anbya, V:91)

Si narra in molti Hadith che Jibrael(A.S.) visitò il Santo Profeta ﷺ in presenza dei suoi compagni, sotto forma di un uomo con abiti bianchi e capelli molto neri. È anche narrato in Hadith che il Profeta Muhammad ﷺ ha visto Jibrael(A.S.) nella sua forma (originale) due volte, e aveva seicento ali. (Sahih Muslim 174c)

MIKAEEL⁽ᴬ·ˢ⁾ (MICHAEL)

Mikaeel(A.S.) è responsabile della distribuzione delle piogge e del sostentamento ovunque Allah(S.W.T) voglia. Egli è menzionato una volta nel Corano:

"Chi è nemico di Allah e dei Suoi Angeli e dei Suoi messaggeri e di Gabriele e di Michele, ebbene [sappia che] Allah è il nemico dei miscredenti."
(Surah al Baqara, V:98)

I compagni(R.A) dell'Apostolo di Allah ﷺ hanno visto Mikaeel(A.S.) in forma umana nella battaglia di Uhud. Si narra che:

Sa'ad(R.A) riferì che nel giorno di Uhud, vidi alla destra e alla sinistra del Messaggero di Allah ﷺ due persone, vestite con abiti bianchi e che non ho visto né prima né dopo, ed erano Jibrael e Mikaeel (Allah sia soddisfatto di entrambi). (Sahih Muslim 2306a)

ISRAFEEL⁽ᴬ·ˢ⁾ (RAPHAEL)

Dopo la morte, i musulmani credono che l'anima entrerà nel Barzakh, uno stato di attesa fino al giorno del giudizio. I musulmani considerano la vita sulla terra come una prova di Allah(S.W.T) e le loro azioni saranno pesate nel Giorno del Giudizio. In questo giorno, l'intero universo sarà distrutto e poi tutti gli esseri saranno resuscitati per essere giudicati da Allah(S.W.T). Israfeel(A.S) è l'angelo incaricato di suonare la tromba nel Giorno del Giudizio. La tromba sarà suonata in due diverse occasioni, segnalando l'inizio del Giorno del Giudizio. Il primo colpo farà morire tutta la creazione, tranne chi Allah risparmierà, e il secondo li farà risorgere dai morti. Sebbene il nome di Israfeel non appaia nel Corano, si fa ripetutamente menzione di un angelo trombettista senza nome che si presume identifichi questa figura. Allah(S.W.T) ha rivelato questi eventi nel Corano come:

"E, nel Giorno in cui sarà soffiato nella Tromba, saranno atterriti tutti coloro che sono nei cieli e tutti coloro che sono sulla terra, eccetto coloro che Allah vorrà. Tutti torneranno a Lui umiliandosi."
(Surah al Naml, V:87)

"La tromba sarà suonata (una seconda volta), poi - ecco! - correranno dalle tombe al loro Signore." (Surah Al-Yasin, V:51)

"In quel Giorno seguiranno indefettibilmente colui che li avrà chiamati e abbasseranno le voci davanti al Compassionevole. Non sentirai altro che un mormorio."
(Surah Al-Ta-ha, V:108)

"Allontanati da loro (o Profeta). E aspetta il giorno in cui il chiamante li chiamerà per qualcosa di orribile. Usciranno dalle tombe con gli occhi bassi, come locuste disperse, precipitandosi verso l'Annunciatore; diranno i miscredenti: 'Questo è un duro giorno!'"
(Surah Al-Qamar, V:6-8)

IZRAEL (A.S) (AZRAEL)

Izrael(A.S.) è colui che prende le anime per ordine di Allah(S.W.T). È menzionato nel Corano e negli Hadiths come "Angelo della morte".

"Dici (o Profeta): "Vi farà morire l'angelo della morte, preposto a questo compito, poi al vostro Dio tornerete."
(Surah al Sajda, V:11)

"Quando la morte si presenta a uno di voi, i Nostri angeli prendono la sua anima senza negligenza alcuna."
(Surah al An'am, V:61)

Si narra che il Messaggero di Allah ﷺ disse:

"Tra la gente precedente alla vostra generazione, c'era un uomo che l'angelo della morte visitò per catturare la sua anima. (Così, la sua anima fu catturata) e gli fu chiesto se avesse fatto qualche buona azione". Egli rispose: 'Non ricordo nessuna buona azione'. Gli fu chiesto di pensarci su. Disse, 'Non ricordo, tranne che ero solito commerciare con la gente del mondo e davo tregua ai ricchi e perdonavo i poveri (tra i miei debitori). Così, Allah lo fece entrare in Paradiso." (Sahih Bukhari Hadith No. 3451)

KIRAMAN KATIBIN

Questi sono gli angeli nominati da Allah(S.W.T), che registrano le azioni buone e cattive di ognuno. Raqeeb' è l'angelo che siede sulla spalla destra per registrare le buone azioni, e 'Atid' è l'angelo che siede sulla spalla sinistra per registrare le cattive azioni.

"Come i due angeli registratori - (uno) seduto a destra e (l'altro) a sinistra - notano (tutto), non c'è una parola che una persona pronunci senza avere un osservatore (vigile) pronto (a scriverla)."
(Surah Qaf, V:17-18)

"No, voi tacciate di menzogna il Giudizio, nonostante [veglino] su di voi dei custodi, angeli onorabili, registrando (tutto). Ben consci di quello che fate." (Surah Al-Infitar, V:9-12)

"Quando la morte si presenta a uno di voi, i Nostri angeli prendono la sua anima senza negligenza alcuna."
(Surah Al-An'am, V:61)

Registrano ogni dettaglio della vita della persona a cui Allah(S.W.T) li ha assegnati; ogni pensiero e sentimento nella mente della persona, ogni parola che la persona comunica e ogni azione che la persona fa. Nel Giorno del Giudizio, Kiraman Katibin presenterà ad Allah la storia della persona. Se Allah manderà una persona in Paradiso o all'Inferno per l'eternità, dipenderà da ciò che i registri mostreranno: ciò che ha pensato, comunicato e fatto durante la sua vita terrena. In effetti, Allah(S.W.T) è il più misericordioso.

MUNKAR & NAKEER

Dopo la morte, due angeli interrogheranno le anime nella tomba sulla loro fede e sulle loro azioni. Abu Huraira(R.A) ha riferito che il Messaggero di Allah ﷺ disse,

"Quando il morto è sepolto, due angeli neri e blu, uno chiamato 'Al-Munkar' e l'altro 'An-Nakeer', vengono da lui e gli chiedono che opinione aveva di quest'uomo (il Profeta Muhammad ﷺ). Se è un credente, risponde: 'E' il servo e il Messaggero di Allah. Testimonio che non c'è altro dio che Allah e che Muhammad ﷺ è il Suo servo e apostolo". Dicono che sapevano che avrebbe detto così. Uno spazio di 4900 cubiti quadrati (un cubito è la distanza tra il gomito e la punta del dito medio) viene poi fatto per lui nella sua tomba, viene illuminata per lui, e gli viene detto di dormire. Egli esprimerà allora il desiderio di tornare dalla sua famiglia per dirglielo, ma gli verrà detto di dormire come uno appena sposato che viene svegliato solo dal membro della sua famiglia che gli è più caro, finché Allah non lo farà risorgere da quel luogo di riposo." (Mishkat al-Masabih 130)

MALIK & RIDWAN

Malik è un angelo che è il guardiano dell'inferno. Si narra nell'Hadith che il Santo Profeta ﷺ lo vide la notte del Mai'raj (il viaggio del Santo Profeta ﷺ da Makkah al cielo). Allo stesso modo, Ridwan è l'angelo che serve da guardiano del cielo.

"O credenti! Proteggete voi stessi e i vostri familiari da un Fuoco che ha per combustibile la gente e i sassi, presidiato da angeli severi e bruschi che non disobbediscono ad Allāh in ciò che Lui ha ordinato loro, e che fanno ciò che viene loro ordinato." (Surah Tahrim, V:6)

HAFAZA (GLI ANGELI CUSTODI)

Questi angeli proteggono l'uomo dai danni dei jinn malvagi o shayateen. Ad ogni persona sono assegnati quattro angeli Hafaza, due dei quali vegliano durante il giorno e due durante la notte.

"Ci sono [angeli] davanti e dietro [ogni uomo] e vegliano su di lui per ordine di Allah."
(Surah Ar-Ra'd, V:11)

Allah[S.W.T] può inviare angeli custodi per proteggere le persone da qualsiasi tipo di danno: fisico, mentale, emotivo o spirituale. Così, recitando questo versetto del Corano, i musulmani ricordano a se stessi che sono sotto la protezione di angeli potenti che possono, secondo la volontà di Dio, proteggerli da danni fisici come malattie o ferite, danni mentali ed emotivi come ansia e depressione, e danni spirituali che possono derivare dalla presenza del male nella loro vita.

Ibn Mas'ud[R.A] riferì che il Messaggero di Dio ﷺ disse: "Non c'è nessuno di voi che non abbia il suo partner tra i jinn e il suo partner tra gli angeli messo a capo di lui". Gli ascoltatori chiesero: "Questo vale anche per te, Messaggero di Dio ﷺ? Egli rispose: "Vale anche per me, ma Dio mi ha aiutato contro di lui, e lui ha accettato l'Islam, quindi mi ordina di fare solo ciò che è buono." (Mishkat al-Masabih 67)

Un uomo disse ad 'Ali ibn Abi Talib(A.S): "Un gruppo della (tribù di) Murad voleva ucciderti". Ali(A.S) disse: "Con ogni uomo, ci sono due angeli che lo proteggono da tutto ciò che non è decretato; quando arriva il decreto, si ritirano e non si frappongono tra lui e esso. La durata della vita decretata di un uomo è la sua protezione."

HAMALAT AL-ARSH

Sono gli angeli che portano l'Arsh (Trono) di Allah(S.W.T) come menzionato nel Corano e negli Hadiths.

"e si spaccherà il cielo, così fragile in quel Giorno, Staranno gli angeli ai suoi orizzonti e in quel Giorno otto [di loro] porteranno il Trono del tuo Signore. Sfilerete [davanti ad Allah] in quel Giorno e niente di quel che celate potrà essere nascosto." (Surah Al-Haqqah, V:16-18)

Questi angeli amano i credenti e cercano misericordia e perdono per loro.

"Coloro che sostengono il Trono e coloro che lo circondano, glorificano e lodano il loro Signore, credono in Lui e invocano il perdono per i credenti: 'Signore, la Tua misericordia e la Tua scienza, si estendono su tutte le cose: perdona a coloro che si pentono e seguono la Tua via, preservali dal castigo della Fornace. Signore! Falli entrare nei Giardini di Eden che hai promesso loro, e a quanti fra i loro padri, le loro spose e i loro discendenti saranno stati virtuosi. Sì, Tu sei l'Eccelso, il Saggio. Preservali dalle cattive azioni, perché in quel Giorno colui che avrai preservato dal male, beneficerà della Tua misericordia.' Questo è l'immenso successo." (Surah Ghafir, V:7-9)

Il Profeta ﷺ ha descritto l'immensità di uno di questi angeli in un Hadith, dicendo,

"Mi è stato permesso di raccontare di uno degli angeli di Allah che porta il trono; che la distanza tra il lobo del suo orecchio e la sua spalla è un viaggio di settecento anni." (Sunan Abi Dawud)

FATTI DA RICORDARE

- Si capirebbe la grandezza di Allah(S.W.T), la Sua potenza e capacità e la Sua Conoscenza Onnicomprensiva, dalla grandezza della Sua creazione, che è una prova che conferma la grandezza del Creatore.

- Gli angeli sono creati al solo scopo di servire Allah(S.W.T) e sono fatti di "Noor (luce)". Appartengono ad un livello di esistenza al di là del mondo percepibile dei fenomeni, chiamato "Alam al-ghayb (il mondo nascosto)". Possono assumere quasi tutte le forme, che appariranno reali all'occhio umano.

- Il Corano menziona che gli angeli hanno le ali, ma i musulmani non speculano su come sono fatti esattamente. Troviamo improprio, per esempio, fare immagini di angeli come cherubini seduti sulle nuvole.

- Quando un musulmano sa che ci sono angeli che registrano tutto ciò che dice e fa e che tutto ciò che fa è per lui o contro di lui, sarebbe propenso a compiere azioni giuste e ad astenersi dai peccati, sia che si trovi da solo o in pubblico.

- Ci si salvaguarda dal credere in superstizioni e favole.

- Si riconosce la misericordia che Allah(S.W.T) mostra ai Suoi schiavi, perché Allah ha assegnato ad ogni individuo degli angeli che lo proteggono dal male e si prendono cura dei suoi affari.

Jinn

- Natura E Origine
- Aspetto E Residenza
- Il Loro Cibo Speciale
- Interazioni Uomo-Jinn Menzionate Nel Il Corano E L'Hadith
- Ibless / Satana E Jinn Malvagio
- Intenzione E Trappola Di Satana
- Inganni Comuni Di Satana
- Proteggere Noi Stessi Dall'inganno Di Satana

NATURA E ORIGINE

Jinn è un sostantivo collettivo arabo il cui significato primario è "nascondere" o "adattarsi". Alcuni autori interpretano la parola per significare, letteralmente, "esseri che sono nascosti ai sensi". Come gli angeli, anche i jinn sono esseri invisibili e, generalmente, gli esseri umani non hanno i poteri per vederli; sono quindi invisibili ad occhio nudo. Queste creazioni soprannaturali possono essere viste solo dai Profeti e dai puri schiavi di Allah$^{(S.W.T)}$. Ma gli Angeli non disobbediscono mai ad Allah, non hanno il libero arbitrio. Tuttavia, i Jinn vivono sulla terra come gli esseri umani. Tra loro ci sono credenti e miscredenti. Poiché hanno il libero arbitrio, sono ritenuti responsabili come gli esseri umani delle buone e delle cattive azioni.

Allah$^{(S.W.T)}$ dice nel Corano,

"E non creai i jinn e gli umani se non per adorarMi." (Surah Al-Dhariyat, V:56)

La creazione dei jinn è menzionata nel Corano nei seguenti versetti, Allah$^{(S.W.T)}$ dice,

"E abbiamo creato l'uomo da un'argilla estratta da un fango nero. E in precedenza creammo i jinn dal fuoco di un vento bruciante." (Surah Al-Hijr, V:26-27)

Il Santo Profeta ﷺ ha anche detto: "Gli angeli sono stati creati dalla luce e i jinn dal fuoco senza fumo. E Adamo$^{(A.S)}$ è nato come è stato definito (nel Corano) per voi (cioè, è stato modellato dall'argilla)." (Sahih Muslim; 2996)

Prima della creazione del Profeta Adamo$^{(A.S)}$, i Jinn furono la prima creazione che abitava il pianeta Terra, ma portarono a spargimenti di sangue e scontri. Abdullah Ibn Umar$^{(R.A)}$ afferma quanto segue:

"I jinn, chiamati 'Figli di Jaann', erano nel mondo duemila anni prima della creazione del Profeta Adamo$^{(A.S)}$. Allah mandò un esercito di angeli contro di loro perché causavano disordine e caos nel mondo, spargevano sangue e commettevano omicidi. Questi malfattori, che furono puniti dagli angeli, si salvarono rifugiandosi nelle isole del mare."

ASPETTO E RESIDENZA

La vita dei jinn è molto simile a quella degli umani: mangiano, bevono, si sposano e hanno una famiglia. Sono creati in una forma che può assumere varie forme.

Il Messaggero di Allah ﷺ disse: "I Jinn sono di tre tipi: un tipo che ha le ali e che vola nell'aria; un tipo che assomiglia ai serpenti e ai cani; e un tipo che si ferma per riposare e poi riprende il suo cammino." (Al-Tabaraani in al-Kabeer, 22/214)

Come menzionato in questo hadith, siamo venuti a sapere che alcuni jinn hanno le ali e possono volare nell'aria, alcuni sono striscianti, come il serpente o lo scorpione, e alcuni non hanno residenza permanente e si spostano continuamente da un luogo all'altro. Gli studiosi musulmani hanno descritto che i luoghi comunemente usati dai jinn per soggiornare sono: i villaggi, le montagne e la baia. E i luoghi abitualmente visitati da loro, e a volte usati come residenza, sono il bagno, l'oceano, il mercato, i tetti, le discariche e le tombe. Oltre a questi luoghi, amano anche le zone tranquille, come le valli, i deserti e le montagne rocciose.

Il Messaggero di Allah ﷺ disse: "Queste toilette sono frequentate dai jinn e dai diavoli. Quindi, quando qualcuno di voi ci va, dovrebbe dire: 'Cerco rifugio in Allah dai diavoli maschi e femmine.'" (Sunan Abi Dawud 6)

IL LORO CIBO SPECIALE

I jinn e il loro regno animale hanno cibi unici, e i resti del cibo degli esseri umani sono mangiabili per loro. Una conversazione tra il Santo Profeta ﷺ e alcuni jinn ci dà un'idea di questo.

Una deputazione dei jinn venne dal Profeta ﷺ e disse: "O Profeta Muhammad ﷺ, proibisci alla tua comunità di pulirsi con un osso o con lo sterco o con il carbone, perché in essi Allah$^{(S.W.T)}$ ci ha fornito il sostentamento". Così, il Profeta ﷺ proibì alla gente di farlo. (Sunan Abi Dawud 39)

" Essi (i Jinn) gli chiesero (il Santo Profeta ﷺ) della loro provvista, ed egli disse: 'Ogni osso su cui si recita il nome di Allah è la vostra provvista. Quando cadrà nella vostra mano, sarà coperto di carne, e lo sterco dei cammelli è il foraggio per i vostri animali.' Il Messaggero di Allah ﷺ disse (ai compagni): 'Non fate 'istinja' (pulizia) con queste (cose), perché queste sono il cibo dei vostri fratelli (Jinn).'" (Sahih Muslim 450a)

INTERAZIONI UOMO-JINN MENZIONATE NEL IL CORANO E L'HADITH

Poiché l'esistenza dei jinn è definita dal Corano e dall'Hadith, negarli danneggia la fede islamica. I jinn sono menzionati diverse volte nel Corano; infatti, c'è un intero capitolo in esso, chiamato "Al-Jinn; Capitolo/Surah 72".

Come rivelato nel Corano, anche i jinn devono adorare Allah[S.W.T] come gli umani per la loro salvezza nel Giorno del Giudizio. Il loro scopo di vita non è molto diverso da quello degli esseri umani, perché Allah[S.W.T] ha ordinato loro di fare le stesse buone opere degli esseri umani e si suppone che obbediscano ed adorino Allah Al-Mighty. Come negli umani, ci sono due grandi categorie, i musulmani e i non musulmani; allo stesso modo, tra i jinn ci sono le stesse due divisioni principali (musulmani e non musulmani). Anche i jinn non musulmani possono diventare musulmani se si ispirano alla religione islamica. La catena dei Profeti e dei Messaggeri di Allah[S.W.T] ha anche guidato i jinn verso l'adorazione del solo e unico Dio, Allah l'Onnipotente.

IL REGNO DEL PROFETA SULAIMAN[A.S]

Tra le religioni precedenti, l'interazione prominente di Umani e Jinn descritta nel Corano è all'epoca del Profeta Sulaiman[A.S]. Il Profeta Dawud[A.S] era un re saggio e quando morì, suo figlio, il Profeta Sulaiman[A.S], divenne re. Egli chiese ad Allah[S.W.T] un regno così grande e potente, che nessuno dopo di lui avrebbe avuto, e Allah esaudì il suo desiderio. Oltre alla saggezza, Allah aveva benedetto Sulaiman[A.S] con molti miracoli. Poteva controllare i venti e, utilizzando questa autorità, poteva facilmente percorrere distanze interminabili in un breve periodo. Gli fu data la conoscenza per capire e parlare con gli uccelli e gli animali. Anche i jinn erano sotto il comando di Sulaiman[A.S]. Era l'unica persona a cui Allah aveva concesso il potere di controllare i jinn. Poteva comandarli e utilizzarli per il suo servizio e anche farli soffrire per la disobbedienza.

Un giorno, Sulaiman[A.S] aveva radunato il suo esercito, comprendente uomini, animali, uccelli, jinn e naturalmente il vento. Gli occhi acuti di Sulaiman[A.S] notarono l'assenza di un uccello upupa (hud-hud) nel vasto raduno. Decise di punire severamente o di imporre la pena di morte all'uccello come azione non disciplinare, ma diede all'uccello la possibilità di spiegare la ragione della sua assenza. Mandò segnali in tutto il regno per chiamarlo, ma non si trovava da nessuna parte.

Alla fine, l'upupa venne da Sulaiman(A.S) e spiegò il motivo del suo ritardo.

"Ho scoperto qualcosa di cui non siete a conoscenza. Sono venuto da Sheba (Sab'a) con una notizia importante". Sulaiman(A.S) si incuriosì e la sua rabbia si placò.

L'uccello continuò: "Al di là della conoscenza di Sulaiman(A.S), c'è un regno chiamato Sheba, che era governato da una regina chiamata 'Bilqis', che possedeva molte cose tra cui uno splendido trono. Ma nonostante tutta questa ricchezza, Satana è entrato nel suo cuore e nei cuori del suo popolo. Lei governa completamente le loro menti. Mi ha scioccato sapere che adorano il sole invece di Allah, l'Onnipotente."

Per verificare le informazioni dell'upupa, Sulaiman(A.S) inviò una lettera alla regina con l'uccello e aspettò la risposta. Egli ordinò all'uccello di rimanere nascosto e di osservare tutto.

Dopo aver letto la sua lettera, inviò i suoi alti funzionari nel regno del Profeta Sulaiman(A.S). Tornarono e descrissero alla loro regina la massa del suo esercito. Invece di offendersi, decise di visitare il Profeta Sulaiman(A.S). Accompagnata dai suoi funzionari e servi reali, lasciò Sheba, inviando un messaggero per informare Sulaiman(A.S) che stava andando ad incontrarlo.

Sulaiman(A.S) chiese ai jinn alle sue dipendenze se qualcuno di loro poteva portare il suo trono al suo palazzo prima del suo arrivo.

Uno di loro disse: "Te lo porterò prima che questa seduta sia finita".

Sulaiman(A.S) non reagì a questa offerta; sembrava che stesse aspettando un mezzo più veloce. I geni facevano a gara tra loro per compiacerlo.

Uno di loro, chiamato 'Ifrit', disse: "Te lo vado a prendere in un batter d'occhio!"

Non appena questo, che aveva la conoscenza del Libro, finì la sua frase, il trono si trovò davanti a Sulaiman(A.S). La missione era stata completata in un batter d'occhio. Il trono del Profeta Sulaiman(A.S) era in Palestina, e il trono di Bilqis era nello Yemen, a duemila miglia di distanza. Questo fu un grande miracolo compiuto da uno di quei credenti seduti con il Profeta Sulaiman(A.S).

IL PROFETA MUHAMMAD ﷺ E LA COMUNITÀ DEI JINN

Prima dell'avvento dell'Islam, i jinn malvagi (Satana) avevano il potere di viaggiare e origliare qualsiasi notizia importante dagli angeli del cielo visibile di questo mondo. Riescono a sentirle e le portano ai loro amici. E quando gli angeli vedono i jinn, li attaccano con le meteore. Poi narrano ciò che hanno sentito, legandolo con menzogne e aggiungendovi delle aggiunte. Ma dopo la nascita del Profeta Muhammad ﷺ e la diffusione dell'Islam, i jinn non furono in grado di sentire un piccolo dettaglio delle notizie dai cieli. Gli angeli dei cieli cominciarono a bombardarli con le meteore quando arrivavano di nascosto. Un compagno, Ibn Abbas(R.A), ha narrato un hadith, descrivendo questo evento e la rivelazione della Surah Jinn:

Il Messaggero di Allah ﷺ uscì con un gruppo dei suoi compagni verso il mercato di `Ukaz. In quel momento, qualcosa intervenne tra i diavoli e la notizia del Cielo, e le fiamme scesero su di loro, così i diavoli tornarono indietro. I loro compagni-diavoli dissero: "Cosa c'è che non va in voi? "Risposero: "Qualcosa è intervenuto tra noi e la notizia del cielo, e dei fuochi (fiamme) sono stati sparati su di noi". I loro compagni di sventura dissero: "Non è intervenuto nulla tra voi e le notizie del cielo, ma è successo un evento importante. Perciò viaggiate per tutto il mondo, a est e a ovest, e cercate di scoprire cosa è successo". E così partirono e viaggiarono per tutto il mondo, a est e a ovest, cercando quella cosa che si interponeva tra loro e la notizia del cielo. Quelli dei diavoli che erano partiti verso Tihama andarono dal Messaggero di Allah ﷺ a Nakhla (un luogo tra Makkah e Taif) mentre era in viaggio verso il mercato di Ukaz. (Lo incontrarono) mentre stava offrendo la preghiera del Fajr con i suoi compagni. Quando sentirono recitare il Sacro Corano (dal Messaggero di Allah ﷺ), lo ascoltarono e dissero (tra di loro). Questa è la cosa che si è frapposta tra voi e la notizia dei cieli". Poi tornarono alla loro gente e dissero: "O popolo nostro! Abbiamo davvero ascoltato una meravigliosa recita (il Corano). Esso dà guida al giusto e noi vi abbiamo creduto. Non uniremo in adorazione nessuno al nostro Signore". Poi Allah(S.W.T) rivelò al Suo Profeta ﷺ (cioè la Surah al-Jinn). (Bukhari; 4921)

A quel tempo, Allah(S.W.T) rivelò i seguenti versetti della Surah Jinn,

"Di' (O Profeta): "Mi è stato rivelato che un gruppo di jinn ascoltarono (the Corano) e dissero: 'Invero abbiamo ascoltato una Lettura meravigliosa, che conduce sulla retta via; abbiamo creduto in essa e non assoceremo nessuno al nostro Signore.'"
[Surah Jinn; V:1-2]

C'è un altro Hadith che ci parla delle interazioni del Messaggero di Allah ﷺ con la comunità dei Jinn, e della predicazione dell'Islam a loro,

Ibn Masood(R.A) ha narrato che una notte eravamo in compagnia del Messaggero di Allah ﷺ e lo abbiamo perso. Lo cercammo nelle valli e sulle colline e dicemmo: "O è stato portato via (dai jinn) o è stato ucciso di nascosto". Lui (il narratore) disse: "Abbiamo passato la peggiore notte che si possa passare. Quando fu l'alba, lo vedemmo arrivare dal lato di Hiri'". Egli (il narratore) ha riferito: "Abbiamo detto: 'Messaggero di Allah, ci sei mancato e ti abbiamo cercato, ma non ti abbiamo trovato e abbiamo passato la peggiore notte che si possa passare. Lui (il Santo Profeta ﷺ) disse: "Venne da me un invitante per conto dei Jinn, ed io andai con lui e recitai loro il Corano". Egli (il narratore) disse: "Poi andò con noi e ci mostrò le loro tracce e le tracce delle loro braci. Essi (i Jinn) gli chiesero (il Santo Profeta ﷺ) la loro provvista, ed egli disse: 'Ogni osso su cui viene recitato il nome di Allah è la vostra provvista. Quando cadrà nella vostra mano, sarà coperto di carne, e lo sterco dei cammelli è il foraggio per i vostri animali". Il Messaggero di Allah ﷺ disse: "Non fare 'istinja' (pulizia) con queste (cose) perché queste sono il cibo dei tuoi fratelli (Jinn)." (Sahih Muslim 450a)

INTERAZIONI DEI JINN CON PERSONE DIVERSE DAI PROFETI(A.S)

La madre dei credenti, Syeda Ai'sha(R.A) ha detto: "Il Messaggero di Allah ﷺ raccontò una sera alle sue mogli una storia e una di loro disse: "Sembra una favola di Khurafa!" Egli disse: "Sai cosa significa? Khurafa era un uomo della [tribù yemenita di] Udhra. I jinn lo catturarono nell'era pagana [al-jahiliyya], quindi rimase con loro per molto tempo, poi lo restituirono al suo popolo. Raccontava alla gente le meraviglie che vedeva in mezzo a loro, così la gente disse: 'La favola di Khurafa'". (Ash-Shama'il Al-Muhammadiyah, 251)

Dato che gli esseri umani non possono vedere i jinn, dovremmo prendere delle misure di protezione secondo gli insegnamenti dell'Islam per salvarci dalla menomazione dei malvagi che sono in loro.

Come narrato da Jabir ibn Abdullah(R.A): Il Profeta ﷺ ha detto: "Non uscire spesso dopo che la notte è ferma. Allah ha degli animali che manda fuori. Chiunque senta l'abbaiare di un cane o il raglio di un asino dovrebbe cercare rifugio presso Allah dal maledetto Shaytan. Essi vedono quello che voi non vedete". (Al-Adab Al-Mufrad)

Abu Sa'eed al-Khudri(R.A) ha narrato: Il Messaggero di Allah ﷺ disse: "Alcuni serpenti sono jinn; quindi, quando qualcuno ne vede uno in casa sua, dovrebbe avvisarlo tre volte. Se ritorna (dopo questo), dovrebbe ucciderlo, perché è un demonio". (Sunan Abi Dawud, 5256)

IBLEES / SATANA E JINN MALVAGIO

Quando Allah(S.W.T) decise di creare l'uomo, un essere che avrebbe superato in conoscenza tutte le altre creature precedenti, chiese ai suoi angeli di raccogliere l'argilla dalla terra. Gli angeli obbedienti raccolsero l'argilla e Allah(S.W.T) ne fece una figura simile a un uomo e la chiamò Adamo(A.S). Ma la figura non si mosse per quaranta lunghi anni. Rimase ferma lì. Quando Iblees, un jinn, che a quel tempo era come un maestro degli Angeli, vide questa figura, fu confuso e spaventato.

Dopo quarant'anni, Allah(S.W.T) infuse lo spirito in Adamo(A.S). Diede ad Adamo(A.S) una vasta conoscenza delle cose presenti nell'intero universo. Poi chiese a tutti gli Angeli, incluso Iblees, di prostrarsi davanti ad Adamo(A.S) in segno di rispetto. Uno dopo l'altro, tutti gli Angeli si prostrarono davanti al Profeta tranne Iblees. La prostrazione, in questo contesto, non significa adorazione ma un atto di rispetto. Era permesso prostrarsi in segno di rispetto per gli esseri umani in alcune religioni precedenti; un evento simile può essere trovato in Surah Yusuf(A.S), dove il Profeta Yaqoob(A.S), sua moglie e i suoi undici figli si inginocchiano davanti al Profeta Yusuf(A.S).

"E quando dicemmo agli angeli: 'Prosternatevi davanti ad Adamo', si prosternarono, eccetto Iblîs, che era uno dei jinn e che si rivoltò all'Ordine di Allah." (Surah Kahf, V:50)

Iblees diceva di essere migliore e superiore al Profeta e di essere fatto di fuoco. Non capiva la volontà di Allah e rifiutava di obbedire all'ordine di Allah. Allah(S.W.T) si arrabbiò per questa disobbedienza. Così, bandì Ibleo dal paradiso. Ora era un reietto. Da quel giorno, Iblees fu chiamato 'il Satana/Shaitaan' e sarà gettato all'inferno nel giorno del giudizio. Shaitaan era ora furioso con gli umani perché era stato bandito dal paradiso a causa loro. Giurò di vendicarsi ingannando gli uomini sulla via di Allah. Allah(S.W.T) gli diede un periodo di tempo fino al Giorno del Giudizio e gli disse che non poteva ingannare un vero servo di Allah. Tutta questa conservazione è descritta molto chiaramente nel Corano;

Allah chiese: "O Iblîs! Qual è il tuo problema se non ti sei unito agli altri nella prosternazione?"
Rispose: Non devo prosternarmi di fronte a un mortale che hai creato di argilla risuonante, di mota impastata."
[Allah] disse: Fuori di qui, che tu sia bandito.
E in verità la maledizione sia su di te fino al Giorno del Giudizio!"
Disse: "O Signor mio, concedimi una dilazione fino al Giorno in cui saranno resuscitati."

[Allah] Disse: "In verità sei tra quelli a cui è concessa una proroga fino al giorno prestabilito."
Disse: "O Signor mio, poiché mi hai indotto all'errore, li attirerò al male sulla terra, rendendolo attraente, e certamente li farò perdere tutti, tranne i Tuoi servi sinceri tra di loro!"
[Allah] Disse: "Questa è la mia retta via! Non avrai alcun potere sui Miei servi, eccetto i perduti che ti obbediranno, e l'Inferno sarà certo il loro ritrovo; [esso] ha sette porte, e ciascuna ne avrà dinnanzi un gruppo."
In verità i devoti saranno in Paradisi e sorgenti,
(Surah Al-Hijr, 32-45)

INTENZIONE E TRAPPOLA DI SATANA MENZIONATI NEL CORANO E NELL'HADITH

"Disse: Dal momento che mi hai sviato, tenderò loro agguati sulla Tua Retta via, e li insidierò da davanti e da dietro, da destra e da sinistra, e la maggior parte di loro non Ti saranno riconoscenti."
(Surah Al-A'raf, 16-17)

"O uomini, in verità la promessa di Allāh è vera: non vi illuda la vita terrena e non vi inganni, nei confronti di Allāh, l'Ingannatore. In verità Satana è vostro nemico, trattatelo da nemico. Egli invita i suoi adepti ad essere i compagni della Fiamma." (Surah Fatir, 5-6)

Dato che i versetti del Corano ci avvertono dei disegni malvagi di Satana e dei suoi seguaci, dovremmo riconoscere questa minaccia e avanzare verso la guida data da Allah Al-Mighty e dal Messaggero di Allah ﷺ per salvare il nostro credo islamico.

Abu Dharr[R.A] ha narrato:

"Entrai nella Masjid e il Messaggero di Allah ﷺ era lì, così venni a sedermi davanti a lui e lui disse: 'O Abu Dharr, cerca rifugio presso Allah dai mali dei diavoli tra i Jinn e gli uomini'. Io dissi: 'Ci sono diavoli tra gli uomini?' Egli disse: 'Sì'". (Sunan an-Nasa'I, 5507)

I jinn hanno il potere di vederci, ma noi (umani) non possiamo vederli. I non credenti tra i jinn, i seguaci o soldati di Satana, cercano di sviarci e di allontanarci dal ricordo di Allah[S.W.T].

Allah(S.W.T) ci ha già parlato di questo nella Sura/Capitolo Al-Araf, versetto 27:

"O Figli di Adamo, non lasciatevi tentare da Satana, come quando fece uscire dal Paradiso i vostri genitori, strappando loro i vestiti per palesare la loro vergogna. Esso e i suoi alleati vi vedono da dove voi non li vedete. A coloro che non credono abbiamo assegnato i diavoli per alleati."
(Surah Al-Araf, V:27)

Il versetto precedente chiarisce che i jinn hanno il potere di vedere gli esseri umani e di prendere possesso degli umani. L'unico modo per proteggerci dagli esseri malvagi è camminare sul sentiero che Allah e il Suo Messaggero ﷺ ci hanno mostrato e seguire gli insegnamenti del Corano, della Sunnah e dell'Hadith.

INGANNI COMUNI DI SATANA

L'incredulità nell'Unicità di Dio:

Il fondamento dell'Islam è la fede nel Tawhid, l'Unicità di Allah - che non ha partner, uguali, figli o rivali. Al contrario, il più grande peccato è quello di attribuire partner o uguali ad Allah, per esempio dirigere l'adorazione ad altri che Allah, delegare gli attributi di Allah ad altri oggetti o esseri (per esempio, idoli/amuleti), sostenere che Allah ha un figlio, una madre o qualsiasi altro partner ecc. Così, tentare l'umanità nello Shirk è l'obiettivo primario di Satana. Queste credenze contraddicono il fatto che Allah solo ha potere e conoscenza su tutte le cose ed è l'unico che può portare beneficio o danno.

Innovazione nella religione:

Satana attirerà una persona a inventare credenze e pratiche sbagliate nell'Islam che non sono state ordinate da Allah(S.W.T) né dal Profeta Muhammad ﷺ. Questo è un grande pericolo per la fede di un musulmano, poiché le persone che seguono le innovazioni credono che i loro atti siano accettati, mentre, in realtà, stanno commettendo un peccato. Questi innovatori non sentiranno alcun bisogno di pentimento, poiché non riconoscono il loro errore.

Inganno graduale di trascurare gli atti obbligatori:

Allah^(S.W.T) ha reso certe azioni obbligatorie per ogni musulmano, la più regolare delle quali è le cinque preghiere quotidiane, cioè la Salah. Satana cerca di farci trascurare le preghiere e le altre buone azioni, allontanandoci dal ricordo di Allah e del suo Profeta ﷺ.

"In verità col vino e il gioco d'azzardo, Satana vuole seminare inimicizia e odio tra di voi e allontanarvi dal Ricordo di Allah e dall'orazione. Ve ne asterrete?" (Surah Al-Ma'idah, V:91)

L'inganno graduale è usato in molti modi. Per esempio, Satana inganna le persone a desiderare di cessare i loro atti religiosi obbligatori. Inizialmente, convincendo le persone a rinunciare ai loro atti di culto facoltativi, il che le porta a diventare pigre con quelli obbligatori. Egli cerca anche di banalizzare i piccoli peccati, portandoli su una china scivolosa verso i peccati maggiori.

Abbellire le azioni malvagie e suscitare desideri:

"e Satana abbellì ai loro occhi quello che facevano." (Surah An'am, V:43)

Satana inganna le persone in atti proibiti invece di quelli che sono permessi, presentando i peccati in modo attraente, come la musica rispetto al Corano, il reddito haram rispetto all'halal, e la piccola percentuale di cibo e bevande proibite rispetto alla grande maggioranza che è sana e pura.

Satana gioca con i desideri e le tentazioni degli uomini e li convince a indulgere nella gratificazione istantanea senza considerare le conseguenze. Questo porta inevitabilmente al rimpianto e all'umiliazione, sia in questa vita che nel giorno del giudizio.

"'li condurrò alla perdizione, li illuderò con vane speranze, darò loro ordini ed essi taglieranno gli orecchi degli armenti; io darò gli ordini e loro snatureranno la creazione di Allah.' Chi prende Satana per patrono al posto di Allah, si perde irrimediabilmente. Fa loro promesse e suggerisce false speranze. e le promesse di Satana non sono che illusioni." (Surah An-Nisa, V:119-120)

Trascurando i diritti delle persone che ci circondano:

Ci sono diritti che ogni musulmano deve agli altri credenti e all'umanità, e ci sono diritti di ogni anima su un'altra. Satana ci ha anche fatto spesso trascurare l'importanza di questi diritti e ci ha ingannato facendoci credere che siccome stiamo dicendo le nostre preghiere ecc. regolarmente, quindi tutto rimarrà bene per noi; trascurando il dovere di essere gentili con i nostri genitori, aiutare i nostri vicini, i poveri e gli orfani, visitare i malati, non ferire nessuno con le nostre parole o azioni ecc.

Una volta fu chiesto al Profeta Muhammad ﷺ: "O Messaggero di Allah! Una certa donna prega di notte, digiuna di giorno, compie azioni pie e fa la carità, ma ferisce e ferisce i suoi vicini con la sua lingua". Il Messaggero di Allah ﷺ disse: "Non c'è nulla di buono in lei. Andrà nel fuoco". I Sahaba dissero: "Un'altra donna prega solo le preghiere prescritte e dà poca carità e non ferisce nessuno. I suoi vicini sono contenti del suo atteggiamento". Il Messaggero di Allah ﷺ disse: "E' una delle persone del Paradiso". [Bukhari in Al-Adabul Mufrad]

Possa Allah(S.W.T) guidarci a comprendere l'importanza di 'Haqooq-ul Ibaad (i diritti del popolo)' in modo che possiamo adempiere ai doveri con lo stesso fervore con cui cerchiamo di adempiere a 'Haqooq Allah (i diritti di Allah)' (Aameen).

PROTEGGERE NOI STESSI DALL'INGANNO DI SATANA

Cercare il rifugio di Allah(S.W.T):

Dobbiamo chiedere ad Allah la Sua protezione e contare solo su di Lui per l'aiuto e la protezione da Satana. Surah Al-Falaq e An-Nas del Corano possono essere recitate regolarmente. Dobbiamo renderci conto che Satana non smetterà mai di tentare di ingannarci finché saremo vivi. Dobbiamo sempre stare in guardia e chiedere costantemente ad Allah guida e protezione.

"E se ti coglie una tentazione di Satana, rifugiati in Allah. Egli è Colui Che tutto ascolta e conosce! In verità coloro che temono [Allah], quando li coglie una tentazione, Lo ricordano ed eccoli di nuovo lucidi." (Surah Al-A'raf, V:200-201)

Si narra che il Messaggero di Allah ﷺ era solito cercare rifugio dal malocchio dei jinn e degli uomini. Quando furono rivelati i versetti del rifugio (Surah Al-Falaq & An-Nas), iniziò a recitarli e smise di recitare qualsiasi altra cosa". (Sunan Ibn Majah, Book 31, Hadith 76)

Cercare il perdono:

Se soccombiamo alle trame di Satana, per la Grazia e la Misericordia di Allah$^{(S.W.T)}$ abbiamo ancora l'opportunità di correggere i nostri errori riconoscendo le nostre colpe e pentendoci con Allah.

Il Santo Profeta ﷺ disse: "Satana disse al Signore della Gloria: 'Per la Tua Gloria o Signore, continuerò a cercare di fuorviare i Tuoi schiavi finché le loro anime saranno nei loro corpi'. Il Signore disse: 'Per la Mia Gloria e Maestà, continuerò a perdonarli finché chiederanno il Mio perdono'". (Ahmad)

Perché il pentimento sia accettato, deve essere sincero, con l'intenzione di non commettere più lo stesso peccato. Il Santo Profeta ﷺ ha detto: "Colui che si pente del peccato è come colui che è senza peccato." (Ibn Majah)

Evitare ambienti peccaminosi e mantenere una buona compagnia:

La compagnia che frequenti influenza fortemente le tue decisioni e le tue azioni. I buoni compagni ti ricordano Allah e ti incoraggiano a fare il bene, mentre una cattiva compagnia ti porta nelle braccia di Satana. Dobbiamo quindi prendere le distanze da tutto ciò che può portare a peccare.

"Attieniti al perdono e imponi il bene e allontanati dagli ignoranti." (Surah Al-A'raf, V:199)

Il Messaggero di Allah ﷺ consigliava: "Una persona è sul sentiero del suo amico intimo, quindi fai attenzione a chi ti fa amicizia". (Tirmidhi)

Continua a fare buone azioni e sii umile verso Allah:

   Aumentando la frequenza delle nostre buone azioni e tenendoci impegnati nella conoscenza del Corano e dell'Hadith, è un'eccellente protezione da Satana. Se uno occupa il suo tempo con il bene tutto il giorno, ha meno probabilità di essere influenzato dai trucchi di Satana. Dovremmo sempre ricordare che Satana era un emarginato a causa della sua arroganza, quindi non importa quanto pii diventiamo, dovremmo sempre essere umili verso Allah Al-Mighty e tenere a mente che tutte le nostre azioni sono accettabili solo per la volontà di Allah(S.W.T).

Nel Giorno del Giudizio, Satana confesserà i suoi peccati e le sue malefatte. Dichiarerà davanti a tutta la creazione che Allah(S.W.T) è Colui che dice la verità e che lui (Satana) è un bugiardo.

Chiediamo ad Allah l'Onnipotente, per i Suoi bellissimi Nomi e sublimi Attributi, di perdonare i nostri peccati e di concederci rifugio dalle trappole di Satana.

Ameen

ISBN 978-1-990544-61-3

*Cerca ISBN sul sito del rivenditore

Copertina rigida con pagine a Colori Premium

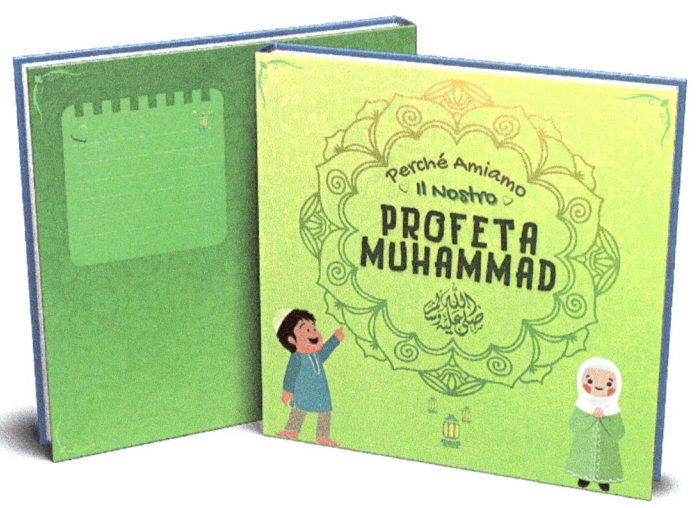

ISBN 978-1-990544-63-7

ISBN 978-1-990544-64-4

ISBN 978-1-990544-65-1

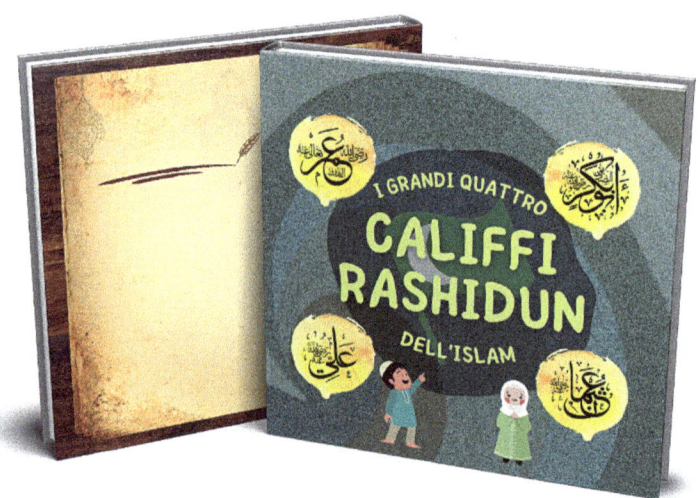

ISBN 978-1-990544-62-0

*Cerca ISBN sul sito del rivenditore

Copertina rigida con pagine a Colori Premium

ISBN 978-1-990544-63-7 Perché Amiamo il nostro Profeta Muhammad ﷺ ?

Questo libro dal bellissimo design diffonde il profumo dell'Amore e della Compassione mostrati dal Santo Profeta ﷺ attraverso i suoi insegnamenti e le sue azioni. La sua misericordia abbraccia tutti, cioè i bambini, i servi, i poveri, gli animali e gli uccelli, e soprattutto la sua Ummah (nazione musulmana).
I bambini impareranno anche ad amare il Messaggero di Allah ﷺ per il suo immenso sacrificio e la sua lotta per la diffusione dell'Islam, e come estendere l'empatia intorno a noi.

ISBN 978-1-990544-64-4 Angeli & Jinn: Loro Chi Sono?

I bambini musulmani si interrogano spesso sul concetto di Angeli e Jinn.
Sono reali o è solo un mito? Quando e perché sono stati creati? Sono più potenti e grandi degli esseri umani? Come possono aiutarci o danneggiarci?
Questo bellissimo libro risponde a tutte le curiosità dei bambini sulla realtà degli Angeli e dei Jinn.
I bambini impareranno le credenze islamiche su di loro ed esploreranno l'universo invisibile di Allah (S.W.T) intorno a noi.

ISBN 978-1-990544-65-1 Che cos'è la Religione?

I bambini musulmani si interrogano spesso sulle religioni nel mondo moderno di oggi.
Quali sono le differenze tra i loro seguaci? Come si sono formati e diffusi? Perché Allah Al-Mighty ha inviato numerosi Profeti e Messaggeri? Qual è l'unicità e l'autenticità dell'Islam e del Profeta Muhammad ﷺ ?
Questo bel libro risponde a tutte le curiosità dei bambini sulle varie religioni e aiuta i genitori a spiegare il concetto e l'autenticità dell'ultima vera religione: l'Islam.

ISBN 978-1-990544-62-0 I Grandi Quattro Califfi Rashidun dell'Islam

La storia della vita di quattro grandi Compagni del Profeta Muhammad ﷺ
Questo bellissimo libro spiega ai bambini i grandi insegnamenti del Profeta Muhammad ﷺ ai suoi Compagni (R.A) che hanno completamente trasformato la loro mentalità, e più tardi come hanno implementato questi insegnamenti per ispirare gli amici e i nemici insieme.
Impara come questi quattro califfi ben guidati sono diventati un faro di leadership e hanno creato il concetto di stato sociale per il mondo contemporaneo.

***Cerca ISBN sul sito del rivenditore**

www.ingramcontent.com/pod-product-compliance
Lightning Source LLC
Chambersburg PA
CBHW041231240426
43673CB00010B/307